ESPÉRANCE, ALGÉRIENS !

SUITE A

VIVE L'ALGÉRIE

MALGRÉ LA BROCHURE

INDIGÈNES & IMMIGRANTS

PAR

RÉMÉON PESCHEUX

Auteur de nombreuses Études et d'articles divers sur l'Algérie,
Membre correspondant de la *Revue Africaine*, de la
Revue de l'Orient, du *Monde Colonial*, etc.

Vendu au profit des indigents de l'Algérie

PHILIPPEVILLE

A LA LIBRAIRIE ROUCHAS, RUE IMPÉRIALE

ALGER,	PARIS,
M. TISSIER, LIBRAIRE,	CHALLAMEL, LIBRAIRE,
rue Bab-el-Oued,	30, rue des Boulangers.

ET CHEZ TOUS LES LIBRAIRES DE L'ALGÉRIE.

—

1863

Philippeville. — Imprimerie. L. Denis aîné

ESPÉRANCE, ALGÉRIENS !

suite à

VIVE L'ALGÉRIE

malgré la brochure

INDIGÈNES ET IMMIGRANTS

Fidèle à notre promesse, nous allons continuer, dans cette seconde brochure, la réfutation de ce formidable livret : *Indigènes et Immigrants*.

Reprenons donc le fil d'Ariane et suivons les détours de ce malheureux labyrinthe !

Vous allez voir, Monsieur de la brochure, si nous connaissons le mystère de votre édifice et si nous craignons d'y rencontrer des crocodiles ou le minotaure. Nous n'y trouverons hélas ! que des sépulcres blanchis et des momies embaumées à votre façon !

Rouvrons donc le monument. A la page 40, vous affirmez que « l'Indigène est le vrai paysan de l'Algérie ; que l'expé-« rience a prononcé et qu'il faut fermer les yeux à la lumière « pour ne pas le reconnaître. »

Vous ajoutez, page 45 : « l'Arabe sera employé à l'élevage « des chevaux et des moutons, à la transhumance des troupeaux. »

A la page 34, vous dites : « N'avons-nous pas entendu con-« fesser qu'après avoir fait pour l'ensemencement l'essai des « qualités diverses des céréales, on avait reconnu le blé dur « des Indigènes comme donnant les meilleurs résultats. Le mê-« me aveu a été fait pour le maïs, pour les fèves ; nous pou-« vons ajouter pour le tabac aussi. »

A la page 39, nous lisons : « Concernant le développement
« des productions naturelles, il suffit d'accorder aux cultures
« Indigènes les primes que l'on distribue pour l'introduction
« des plantes tropicales. »

Enfin vous ajoutez ailleurs, au profit du paysan arabe, les
laines, les cuirs et les bestiaux.

Résumons vos énonciations.

1° Vous tenez votre paysan, c'est l'Indigène.

2° Votre paysan fait pousser de bon blé dur, cultive un ma-
gnifique maïs et récolte d'excellentes fèves.

3° Vous lui accordez aussi de bon tabac.

Ainsi-soit-il !

Voilà pour la culture des produits naturels, et c'est simple.

Pourvu qu'il ne se change pas en grenouille ! Pourvu que
votre livre ne soit pas pour lui un soliveau, dont le tapage
pourrait bien finir par l'épouvanter !

Ah ! dites-vous, le bon paysan ! Nous le tenons, ne le lâchons plus !

Oui, il élève des troupeaux, en fait la tonte, vend la laine
brute, livre au commerce force moutons, vaches, chevaux. mulets et ânes. Voilà pour le reste. Quel bilan ! Examinons donc
ce qu'il y a d'extraordinaire et d'intelligent dans ces grands
travaux de paysan.

D'abord, quant à son blé dur, on dit qu'il est bon, mais on
n'affirme pas qu'il ne pourrait s'améliorer entre des mains Européennes et au moyen de cultures perfectionnées. Il en est de
même pour son maïs et pour ses fèves. Quelle richesse, pour
la race Indigène, que savoir faire pousser tout cela, à la grâce
de Dieu et des saisons ! Aussi, ne lâchons plus votre paysan,
ce prodige que vous venez de découvrir, vous habitant des
bords de la Seine.

Comme nos appréciations personnelles pourraient ne point
vous convaincre, nous allons faire passer sous vos yeux une

série convenable d'autorités compétentes, nous n'avons que l'embarras du choix.

M. Carette s'exprime ainsi : « Le Tellien ne connait guère « que la route de sa tente au marché voisin. L'habitant du « Tell tond ses troupeaux et va porter la laine à l'habitant du « Sahara qui la transforme en tissus. Le Tellien ne rêve que « le repos ; il est paresseux et gauche. »

Voilà pour son activité de paysan.

Passons à l'opinion du Maréchal Vaillant qui connait votre homme et qui dit :

« Je suis conduit à reconnaître que, *malgré les efforts des bureaux Arabes*, l'Indigène n'a fait *aucun progrès* en matière de procédés agricoles. Il cultive encore aujourd'hui comme il cultivait avant la conquête ; *il a étendu ses espaces d'ensemencements, il n'a point amélioré ses terres !* »

Comme nous l'avons fait, combinez cette opinion avec celle de M. Carette, et vous en obtiendrez cette solution :

« Mon paysan ne veut pas d'améliorations parce qu'il est pa- « resseux et ne rêve que le repos. Les bureaux arabes ont em- « ployé tous les moyens possibles pour le faire progresser, « mais, malgré tous leurs efforts, il n'a pas changé ses pro- « cédés d'avant la conquête ; au lieu d'acheter une charrue, il « enfouit son argent, et continue à labourer avec un mauvais « morceau de bois. Il n'étouffe pas, puisque, suivant l'affirma- « tion du Maréchal Vaillant, il a de plus vastes espaces qu'a- « vant la conquête ; ensemence de plus larges terrains, sans « vouloir essayer le moindre progrès. Pourquoi ce *statu quo ?* « C'est que ni bureaux arabes, ni moniteurs, ni décrets ne trans- « forment un peuple, ne créent tout d'une pièce une civilisa- « tion ; c'est qu'il faut la fusion des races et des intérêts, le « contact, le mélange, le travail commun, entre les immi- « grants et les indigènes, et non pas le pays aux Arabes et quel- « ques villes avec un petit rayon pour les Européens. Avec l'ap- « plication de ce système, point de civilisation ! »

Poursuivons nos citations. L'auteur de l'*Algérie, ce qu'elle est, etc.*, établit la comparaison suivante:

« Nos colons devraient obtenir des résultats moindres que
« ceux acquis par les indigènes. Nouveaux venus dans le pays,
« les colons n'en peuvent connaître le climat ; ils ignorent les
« conditions dans lesquelles la terre doit être placée pour don-
« ner un rendement avantageux.

« Voyons si les faits sont d'accord avec cette théorie dont on
« ne saurait contester la logique.

« Les Arabes occupent, dans le Tell, 12 millions d'hectares
« cultivables : et, sur cette étendue, ils en cultivaient, au 31
« décembre 1854, 660,000 ; soit un vingtième environ de la
« superficie totale. »

Et vous dites que les Arabes étouffent, qu'on les resserre et comprime, qu'on leur enlève la moitié de leurs moyens d'existence, quand ils ne travaillent qu'un vingtième des terres qui leur sont laissées !

Mais continuons :

« Les Européens occupaient dans le Tell, au 31 décembre
« 1853, cent quarante mille hectares, et ils en cultivaient, en
« céréales, 47,000 ; soit un tiers de la superficie totale.

« Les Arabes obtiennent, en moyenne, par hect., 6 h. 63 de
« blé tendre, ou 6 h. 56 de blé dur, ou 9 h. 10 d'orge : soit en
« moyenne, 7 h. 43 de céréales par hectare cultivé.

« Les Européens obtiennent, en moyenne, par hectare, 12
« het. 17 de blé tendre, 9 h. 64 de blé dur, 11 h. 03 d'orge ;
« soit, en moyenne, 11 h. de céréales par hectare cultivé.

« D'après ces chiffres *qui sont tous officiels*, nous voyons
« que si nos colons occupaient le Tell et qu'ils cultivassent
« dans les mêmes proportions et avec les mêmes procédés
« qu'ils emploient aujourd'hui, ils en tireraient annuellement
« 44 millions d'hectolitres de céréales, tandis que les Arabes
« ne doivent en obtenir que 4,904,000.

« Différence en faveur des Européens : 39 millions d'hecto-
« litres ! »

Que devient votre fameux et vrai paysan indigène ? Abandonnez-lui maintenant tout le sol cultivable en Algérie !

Ces faits répondent aussi à votre phrase ironique de la page
23 : « Le renom de fertilité de l'Algérie vit sur le vieux mot
« latin : *L'Afrique, grenier de Rome !* »

Quant à la statistique qui précède, vous ne trouverez guère
à la modifier, puisque vous reconnaissez, à la page 49, que
l'État n'a encore aujourd'hui concédé que 200,000 hectares de
terrain. Les Arabes ne sont donc pas plus resserrés ni com-
primés. Soyons vrais et logiques une fois !

Le même auteur ajoute : « Si nous insistons sur ces chiffres,
« c'est que nous pensons qu'il est nécessaire, indispensable de
« lutter contre le système de ceux qui *croient que l'Arabe est*
« *un excellent producteur.*

« Nos chiffres ne prouvent absolument rien en faveur du
« mode de colonisation suivi en Algérie, car la production
« des colons, bien qu'infiniment supérieure à celle des Arabes,
« est de beaucoup inférieure à ce qu'elle devrait être.

« Le seul fait qui en ressorte d'une manière irréfutable, c'est
« que le colon, placé dans les conditions les plus défavorables,
« *produit encore douze fois plus que ne produit l'Arabe.* »

Dans l'*Akhbar* du 23 janvier, on lit cet extrait : « Compter
« sur la population indigène pour défricher les espaces incultes,
« pour régénérer le pays, c'est manquer de sagacité, ou se
« bercer d'espérances vaines et irréalisables. »

Dans une séance de la Chambre consultative d'agriculture
de Constantine (*Session de 1856, page 52*), M. Cauzon s'est
exprimé ainsi :

« Les Arabes sont indolents et paresseux, ennemis des inno-
« vations : *avec eux la colonisation a peu à gagner,* et je crois
« qu'il faut mesurer les sacrifices que l'on veut faire, même en
« cherchant à obtenir d'eux le plus de produits possibles.

« Les Arabes font peu de cas des conseils. Ils se contentent
« de peu, mais n'aiment pas à risquer si peu que ce soit, et se
« rendent bien rarement compte de l'avantage qu'il y a à faire
« des sacrifices en commençant, pour récolter d'avantage à la
« fin. »

Voilà ce paysan, actif, intelligent, de bon vouloir, de progrès, que vous avez découvert. Donnez-lui donc tout le sol algérien, avec quelques moniteurs agricoles, comme vous allez
nous le demander plus loin, et laissez-lui sa féodalité : dans un
siècle, il sera aussi civilisé qu'aujourd'hui.

Le même rapporteur continue : « Ils connaissent les en-
« grais, en savent l'efficacité, et cependant on peut dire qu'ils
« n'en tirent pas parti. Ils ne manquent pas de semer du grain
« sur l'emplacement de leurs douars, *où leurs bestiaux ont*
« *séjourné*, mais vous pouvez observer *qu'ils ne répandent ja-*
« *mais les tas de fumiers et se contentent d'y passer la char-*
« *rue comme partout ailleurs.*

Quelle peine il se donne ce paysan-là ! Et comme il emploie
bien sa haute intelligence !

Suivons notre fidèle rapporteur : « *Je ne crois donc pas que*
« *l'on puisse rien gagner en les laissant livrés à eux-mêmes,*
« *en se contentant de leur donner des machines et l'explica-*
« *tion de ce qu'ils peuvent en obtenir d'avantageux.* »

Est-ce là, oui ou non, la condamnation de votre plan d'iso-
lement ?

Poursuivons avec le rapporteur de Constantine : « Peut-être,
« car je n'ose rien affirmer, le contact avec les Européens, la
« manière de faire de ces derniers et leurs plus belles récoltes
« finiront-elles par persuader les Arabes ! »

Ainsi, voilà un homme d'expérience, un propriétaire, un
vieil algérien, qui n'ose affirmer que, même au moyen du contact avec les Européens et d'une collaboration intime, on ar-
rive à persuader l'Arabe.

Quel paysan intelligent, actif, bien préparé pour le progrès, amoureux de la civilisation, altéré de science ! Comme il y a loin de l'opinion de M. Cauzon à la vôtre, Monsieur de la brochure.

O liquidation ! *Delenda Carthago !*

Résumons donc ces paragraphes. Vous déclarez vous-même que tous les produits naturels et remarquables, cultivés par votre paysan, sont au nombre de cinq :

Le blé dur et l'orge, le maïs, les fèves et le tabac.

Nous venons de voir quel déploiement d'intelligence et d'activité votre paysan consacre à ces grands labours ! Oserez-vous dire encore, après avoir vanté la réussite de votre paysan, après qu'il est démontré que sa culture est presque nulle, que l'Algérie ne doit sa réputation de fertilité qu'à ce vieux mot : *L'Afrique, grenier de Rome !*

Voyons-le maintenant comme éleveur de bestiaux, puisque vous lui réservez exclusivement ce rôle.

Nous lisons dans *l'Algérie, ce qu'elle est,* etc. :

« L'Algérie, placée dans de bonnes conditions économiques,
« devrait avoir une population ovine de 38,000,000 de têtes.

« Dans les mêmes conditions (celles de la France), notre
« bétail produirait 65 millions de kilos de laine et 144 millions
« de kilos de viande.

« Tel est donc l'avenir de l'Algérie.

« Voyons maintenant ce qu'est cette race entre les mains
« des Indigènes.

« Nous devons l'avouer, c'est avec un sentiment pénible,
« c'est presque avec un sentiment de honte, que nous abor-
« dons cette partie de notre travail. Il nous en coûte d'oppo-
« ser aux mêmes chiffres, si brillants d'avenir, les chiffres dé-
« plorables du présent.

« La population ovine de l'Algérie peut être évaluée à 10
« millions de têtes. *Ce chiffre donné par la statistique* est ac-
« cepté par tous les hommes spéciaux qui s'occupent de la
« question. »

« En évaluant la population ovine des Steppes à 6 millions
« de têtes, on trouve que la proportion est *d'une tête par*
« *deux hectares*, c'est-à-dire moitié moindre qu'en France,
« *dans un pays exclusivement consacré au mouton.* Pour le
« Tell, la différence est encore plus forte, et l'étendue moyenne
« *pour chaque tête dépasse 3 hectares !* »

« Tels sont les résultats obtenus par les Arabes qu'on nous
« représente sans cesse comme des pasteurs émérites. »

Nous avons vu plus haut et nous établissons ici que ni l'espace, ni la liberté, ni le temps, ni les paturages ne manquent.
Voilà pour votre paysan éleveur de moutons. Et, comme nous
savons ce dont il est capable en fait de civilisation et de progrès, abandonnez-lui le sol algérien !

Considérons votre marotte élevant des bœufs.

Le même auteur continue ainsi :

« Rude à la fatigue, dur aux privations, le bœuf algérien est
« le bœuf de travail par excellence, mais c'est là sa qualité
« dominante, et, on peut le dire, sa seule qualité.

« Or, on le sait, le travail que donne le bœuf doit être considéré comme le moindre des produits, qu'il puisse offrir à
« l'éleveur, et l'on aura toujours plus d'avantage à demander
« aux bœufs et vaches le lait et la viande qu'à les consacrer
« au travail. La race indigène ne peut entrer en comparaison
« avec les races européennes.

« Notre population bovine actuelle n'est que d'un million
« de têtes; par conséquent elle est à peine le tiers de ce qu'elle
« devrait être. »

Devant cette infériorité de nombre et de qualité, notre écrivain s'afflige et ajoute : « L'étendue occupée par les cultures
« n'étant que *d'un quatorzième* de la superficie totale, il est
« certain que le manque d'espace ne peut faire obstacle à
« l'élève du gros bétail. »

Puis, il poursuit ainsi : « Les vaches arabes ne donnent
« que 3,4 de litres de lait par jour au maximum; et l'exemple

« donné par les colons prouve qu'on peut obtenir 3 litres en
« moyenne. Les Arabes perdent donc les 3/4 du revenu
« en lait. Enfin, par une incurie sans exemple, les Arabes en
« laissent périr un grand nombre. »

Voilà le résultat de l'intelligence, de l'activité de votre
paysan indigène, qui ne se donne pas seulement la peine d'a-
briter ses troupeaux, de faire produire de la paille, de la ra-
masser ou de faire la moindre provision de fourrage.

Vous êtes dignes de faire connaissance !

Passons à la race chevaline.

« Les Arabes, dit notre auteur, divisent leurs chevaux en
« deux catégories distinctes : le cheval de selle et le cheval de
« bât. Le cheval de selle portait jadis l'Arabe à la guerre et
« le même aujourd'hui aux fantasias ; à lui sont destinées les
« larges rations d'orge et les soins des habitants de la tente. »

Oui, mais ce cheval-là, célébré par le général Daumas, est
aussi rare que les Caïds, Cheiks et autres membres de l'aristocratie indigène. C'est l'exception et il n'est qu'un cheval de
parade.

Voyons donc le cheval utile, indispensable, le serviteur de
votre paysan.

« Le cheval de bât porte les faix et sert parfois aux labou-
« reurs. Il n'est jugé digne d'aucun soin, et c'est à peine s'il a
« de l'orge pour sa nourriture *au moment de la récolte*. Le
« reste de l'année, il vit d'herbages ou de paille. Or, comme
« cette catégorie forme environ les deux tiers de la popula-
« tion totale, il en résulte qu'un tiers seulement vit dans des
« conditions *à peu près normales*. »

Le sort du mulet et de l'âne est encore pis.

Ajoutez à cette coupable négligence les charges au-dessus
des forces, les coups, les mauvais traitements, les blessures
causées par les sangles, par le bât, par les cordes ; voyez ces
trous pratiqués dans les hanches, dans les flancs, à l'aide de
pointes de fer, par le cavalier cruel qui veut hâter la marche

quand même ; contemplez ce bourreau qui plonge et replonge sans cesse l'aiguillon dans la plaie et dans le sang !

Il faut voir cela de ses yeux pour y croire, et le cœur se serre rien qu'en en faisant la description.

Voilà comment votre paysan est éleveur de chevaux, de mulets et d'ânes ! Venez le civiliser avec vos belles théories !

Agriculteur et éleveur, il est détestable ?

Enfin, allons assister au concours régional de bestiaux, tenu à Tlemcen, le dimanche 13 octobre 1861.

« L'espèce chevaline a été représentée par une cinquantaine « de têtes. Dans ce nombre, les indigènes du territoire mili- « taire y entraient pour moitié ou un peu plus ; *mais pour la* « *beauté et la qualité des sujets, ceux présentés par nos Co-* « *lons l'emportaient de beaucoup.* »

Espèce bovine : « Il est parfaitement vrai de dire que les « bœufs indigènes, élevés par les Arabes, sont généralement « petits et maigres : quelques-uns de ces derniers figuraient « au concours à côté de ceux de nos colons ; le contraste était « frappant. Et, cependant, tous les bœufs de nos colons, si « grands, si forts, en si belle chair, appartiennent tous à cette « même race indigène, de laquelle ils sont issus. »

Espèce ovine : « Dans celle des béliers (indigènes), le pre- « mier prix a été donné au sieur Verdoux. — Le second au « sieur Brahim-ben-Abdallah.

« Dans celle des brebis indigènes, le premier prix au sieur « Verdoux. — Pas de second prix décerné, *les indigènes* « *n'ayant présenté que des béliers et point de brebis.* »

Nous avons tiré toutes ces citations, concernant le con-cours, de la Revue du *Monde Colonial,* cinquième année, tome V, pages 495 et suivantes, — Article signé SALOMON, ins-pecteur de colonisation à Tlemcen.

Abordons maintenant la question des Européens ou immi-grants, et déblayons notre terrain, dessinons notre horizon co-lonial, ainsi que vous nous en donnez le plan.

— 13 —

1° Au paysan indigène tout le sol algérien cultivable, moins la réserve qui se trouve dans le paragraphe qui suit;

2° Aux immigrants le libre établissement dans les villes pour l'industrie, et un petit rayon, rapproché de ces villes, pour faire de la culture perfectionnée.

Voilà, certes, les positions respectives bien déterminées. Que feront donc les immigrants, selon vous, dans ce cadre doré?

Le voici décrit dans votre page 43 :

« Quant aux immigrants, ils feront de la colonisation com-
« merciale et industrielle. A eux appartiendra l'exploitation
« des forêts, où abondent les bois d'œuvre, de construction et
« d'ébénisterie, les *madriers, les poutres, les mâts de navires,*
« *les merrains, les traverses de chemins de fer;* à eux
« les chênes-liége, les oliviers et les nombreuses in-
« dustries qui s'y rattachent : Conserves, tourteaux, huiles,
« savons, etc.; les marbres et les albâtres, les mines de plomb
« argentifère, de cuivre, de fer, de zinc, d'antimoine; les mi-
« noteries et les amidonneries ; la salaison des viandes, le
« tannage des peaux ; le tissage des laines, la fabrication des
« draps grossiers, dit de troupe; la culture des plantes tex-
« tiles, oléagineuses, tinctoriales, et leur exploitation indus-
« trielle !

« La France fournira l'intelligence qui organise et qui dirige,
« le capital, les contre-maîtres, les moniteurs de l'atelier ;
« LES OUVRIERS SERONT INDIGÈNES! L'indigène sera
« paysan, ouvrier agricole ou industriel, selon son aptitude. »

Accourez, troupe fidèle et simple des immigrants; débarquez ici, heureux Argonautes! Dans chacun de ces petits rayons se trouvent réunis le jardin des Hespérides, la Toison d'Or, l'El-Dorado, la Terre-Promise, où coulent le lait et le miel, l'Eden, le Paradis de Mahomet avec toutes ses houris !

Hommes de l'intelligence qui organise et dirige, capitalistes européens, contre-maîtres de l'atelier, moniteurs de l'industrie, arrivez ! Arrivez, c'est moi, l'auteur de la brochure, qui vous appelle ! Nous sommes ici en plein âge d'or !

Nous avons donné aux indigènes tout le sol cultivable en Algérie parce que, jusqu'à ce jour, ils n'ont su ni voulu en jouir intelligemment ; je les ai sacrés paysans par excellence ! Je les ai déclarés bons éleveurs, quoiqu'ils ne connaissent rien à l'élevage des bestiaux. J'ai affirmé qu'ils étaient les meilleurs cultivateurs, quoiqu'ils ne sachent faire pousser qu'un peu de blé, du maïs et de belles fèves, en égratignant à peine la terre.

Aussi, quittent-ils en masse les champs, les plaines, les monts et les vallées. Ils entourent votre rayon, en criant : nous voici, nous voici, immigrants ; nous voulons devenir ouvriers industriels, bûcherons, scieurs de long, équarisseurs, ébénistes, forgerons, serruriers, mécaniciens, mineurs, fondeurs, fabricants de bouchons, marbriers, statuaires, zingueurs, minotiers, amidonniers, et mille autres choses que nous ignorons complètement. Voilà nos bras, ouvrez vos chantiers ; fondez vos établissements, riches industriels ; apportez-nous vos trésors, capitalistes, et nous allons vous les centupler ! Car nous travaillerons bien et à bon marché ! Allons, messieurs les contremaîtres, messieurs les moniteurs de l'Industrie : parlez ! commandez-nous et vos esclaves volent à leurs postes !

Cultivera l'Algérie qui voudra : nous la gardons, parce que nous avons des femmes et des vieillards qui déchireront bien assez le sein de la terre pour lui faire produire notre couscouss, et les bestiaux, qui pourront se promener tout à leur aise, nous donneront assez de lait pour boire, assez de viande pour manger et assez de laine pour nous vêtir. L'argent de nos journées nous l'enfouirons, en attendant la liquidation des immigrants.

Tel sera l'avenir !

A un autre point de vue, on peut affirmer ceci.

Point d'exploitations de forêts, parce qu'il n'y a pas un noyau d'Européens suffisant ; partant, point de constructions.

Point de routes, parce les indigènes n'aiment pas les chemins carrossables, marchent sur les berges de ceux qui existent, font tous leurs transports à dos de bêtes de somme et ne prennent que les traverses.

Encore moins de chemins de fer, sans Européens. Quant à toutes les industries annoncées, c'est rêve et chimère. Elles sont impossibles et personne ne viendra les fonder, tant qu'il n'y aura pas une colonie européenne agricole, forte, vaste, nombreuse, qui renfermera, pour répéter les expressions du Maréchal duc de Malakoff, *une population capable de transformer le sol et de le conserver ; de se défendre elle-même aussi bien contre les attaques extérieures que contre des bouleversements intérieurs !*

Qui donc ira en pays arabe, au milieu des tribus, exploiter les forêts ? Est-ce que l'on ne connait pas la catastrophe de l'établissement Delacroix, assassinats et incendie !

Toutes ces industries, tous ces établissements ne pourront pas se resserrer dans les villes et leurs petits rayons ; est-ce qu'en Europe il n'y en a pas sur tous les points du sol ?

Voici le seul moyen de réussir, si réussite est possible, il faut tout d'un coup, dans un jour, afin d'avoir tout à la fois des consommateurs et des producteurs européens, en appeler des milliers en assemblée générale, à Paris, par exemple, et leur dire :

« Messieurs, comme vous ne voudrez pas aller isolément, « individuellement, successivement, fonder en Algérie les cent « industries que je vous indique, partez tous en masse, dans « un même jour. La force fait l'union ! Vous vous encourage- « rez les uns les autres. La fortune vous attend ! »

Alors il partira peut-être un million de ces hommes dévoués, entraînés par votre appel, comme les croisés par la prédication de Pierre l'Ermite.

Mais nous oublions que vous ne demandez que *l'intelligence, le capital*, qu'apporteront en venant *les contre-maîtres*, les

moniteurs de l'atelier. LES OUVRIERS SERONT INDIGÈ-
NES. C'est vous-même qui le dites. Tout ce monde ne forme
pas une grosse population ! Que d'inconséquences dans votre
système.

Et combien nous en passons et des plus belles.

Mais, enfin, nous admettons que les industriels patrons
viennent avec les contre-maîtres et les moniteurs de l'atelier.
Les voilà au milieu de bataillons d'ouvriers indigènes et il le
faudra bien, selon votre système.

Chacun ira donc, suivant le genre de son industrie, fonder
son établissement, l'un dans les forêts, l'autre dans les mines,
celui-ci dans les carrières de marbre, celui-là sur les chutes
d'eau avec son usine de minotier, cet autre, dans sa fabrique
de draps, au bord d'une rivière convenable à son industrie, un
sixième, n'importe où, et ainsi de suite.

Chacun d'eux aura un bataillon d'ouvriers indigènes inhabi-
les, incivilisés, grossiers, prompts à la rébellion. Il y aura pour
les gouverner le patron et son intelligence, ses contre-maîtres
et ses moniteurs de l'atelier, qui représenteront la France.
C'est vous qui dites et écrivez tout cela.

Avec ce système, il faut tripler, quadrupler l'effectif de l'armée, parce qu'il faudra un détachement de soldats pour veiller
à la sécurité de chaque établissement en territoire arabe. M. le
Maréchal, duc de Malakoff est tout à fait de notre avis, comme
on peut en conclure d'après ses paroles, citées plus haut.

En tracassant les immigrants industriels, les indigènes sau-
ront bien quelle en sera la conséquence, celle que vous avez
formulée : « *La substitution progressive des indigènes aux im-*
« *migrants, dont la liberté des transactions immobilières opé-*
« *rera l'évolution.* »

Chaque industriel se verra obligé de liquider de cette
façon !

Parlerons-nous de la culture perfectionnée et de l'acclima-
tation des plantes exotiques ou tropicales, dans votre petit

rayon autour des villes ? Quant à cette dernière culture, vous l'avez proscrite pour longtemps, *Requiescat in pace !* Car nous n'en finirions pas avec votre brochure,

Mais quelle est celle perfectionnée à inaugurer dans votre petit rayon ?

Les légumes, les melons et tous leurs congénères ; les artichauts, les petits pois, les choux-fleurs, les arbres fruitiers, la vigne et les fleurs ! Car vous devez vous rappeler ce que vous avez dit de nos essais malheureux, presque nuls, concernant le lin, le tabac, la soie, le coton, la garance et autres plantes industrielles. Pourquoi voulez-vous qu'on les renouvelle, quand l'Européen n'aura plus de vastes terrains pour le dédommager, sur de grands espaces, des tentatives infructueuses qu'il aura faites sur une parcelle, ou d'une mauvaise année, et qu'il n'aura plus qu'une place mesquine dans votre petit rayon, en attendant la liquidation coloniale, annoncée par vous-même ?

Il est donc inutile de nous occuper plus longtemps de cette culture imaginaire, et qui, fût-elle possible, ne pourrait alimenter que vos patrons industriels, représentant l'intelligence de la France, mais ne vivant pas que de cela, et leurs contre-maîtres ainsi que les moniteurs de l'atelier. Vos ouvriers indigènes ne se permettent pas ce luxe de table !

Quel beau système économique ! Et votre système politique ou gouvernemental doit bien avoir aussi ses curiosités.

Examinons-le : vous dites, à la page 37 :

« Les régnicoles algériens resteront provisoirement sous un « gouvernement paternel, qui est essentiellement dans le goût « traditionnel des peuples orientaux et musulmans. »

Page 38 : « Il ne serait pas prudent de renoncer au concours « de l'aristocratie indigène pour commander les régions où « nous ne pouvons agir directement. Il n'y aurait aucun « avantage ni pour la paix, ni pour l'ordre public, ni pour la « civilisation, à décapiter la société indigène, en enlevant aux « plus instruits, aux plus nobles, aux plus riches, les moyens « de se rattacher honorablement à notre gouvernement. »

Page 39, vous ajoutez qu'il ne faut pas « détruire trop « brusquement l'organisation par tribu, ni la disséminer trop « vite dans les communes françaises, *où ils seraient livrés à l'exploitation des immigrants.* »

Voilà votre système et vos affirmations personnelles, sans aucune démonstration ni preuve.

Voyons maintenant l'opinion contraire, et tâchons de trouver une phalange de protestants, honorables, expérimentés et dignes de foi.

Nous lisons ce passage remarquable dans la pétition d'Alger :

« Si, constituant la propriété individuelle arabe, l'État se « dépouille complètement et ne réserve rien pour les immi- « grants, *les chefs indigènes organisant une ligue hostile à la* « *France, ACHÈTERONT SEULS AUX ARABES l'excédant* « *des terres qui seront hors de proportion avec leurs besoins* « *largement satisfaits.* Ils en feront de grands parcours incul- « tes comme par le passé, et la *France aura constitué une féo-* « *dalité arabe* plus solide que celle qui existe. De viagère et « précaire elle deviendra héréditaire. Elle tiendra en échec « la petite et la moyenne propriété à laquelle nous voulons « convier les indigènes ; *quant à la colonisation, les voies lui* « *seront complètement fermées !* »

Voilà pour la paternité, la douceur, la protection et la probi- té de cette aristocratie patriarcale, si vantée par vous, et qui n'est autre chose qu'une race de Saturnes dévorant ses enfants !

Passons à une déclaration solennelle de M. le premier Pré- sident de la Cour impériale d'Alger ; voici comment s'expri- mait M. de Vaulx, devant le Conseil général de la province d'Alger, dans la session de 1862 :

« Il s'agit d'être fidèle à notre mission et *de faire tomber* « sur une terre à nous *la féodalité* qui, sur tous les points de « l'Europe, s'est affaissée au simple contact de *nos idées.* »

Il ajoute qu'il y a « nécessité de faire place au pauvre qui « demandera à faire usage de ses bras, au riche qui cherchera « sur cette terre un utile emploi de ses capitaux. Il faut des « terres à distribuer à tous ces hommes qui, faute d'air et d'es- « pace, ne peuvent se mouvoir, dans leur intelligence et leur « force, au milieu des rangs trop pressés de la société europé- « enne. Autrefois ce même territoire, quoique occupé par une « population nombreuse, satisfaisait à nourrir l'Italie ; il pour- « rait encore nourrir *vingt millions* d'hommes, *il n'en renfer-* « *me que trois millions !* »

Résulte-t-il de ces paroles si précises que M. de Vaulx regarde l'aristocratie arabe comme un bien, comme une nécessité, mê-

me transitoire? Non, il affirme le contraire. Insinue-t-il qu'il y aurait péril à la supprimer? Pas le moins du monde. Cependant, qui le saurait mieux que ce haut et intelligent magistrat? Pensez-vous qu'il craindrait de le dire, si ce danger était réel, ou le croyez-vous assez oublieux de ses devoirs pour le taire, pour le cacher ou pour dire surtout le contraire?

Mais, nous répondrez-vous, ce sont là deux opinions isolées. Eh! bien en voici d'autres.

Dans son discours du cinq octobre 1859, prononcé au sein du conseil général de la province de Constantine, M. Lestiboudois, président de cette assemblée et conseiller d'Etat, formulait ainsi sa pensée :

« L'Arabe n'est plus hostile; il apprécie notre administra-
« tion; il admire notre justice; *il désire les garanties de nos*
« *perceptions; il s'éloigne volontiers de ceux qui le commandent*
« *et préfère s'associer à nos travailleurs*; il aime mieux culti-
« ver sous notre loi, même comme locataire, colon ou simple
« ouvrier, *que subir les conditions qui l'attendent dans les*
« *douars*, et si, dans de rares occasions, il se soulève encore,
« *c'est plutôt contre les chefs qui lui sont IMPOSÉS que contre*
« *nous-mêmes.* Tout le monde est d'accord sur ces faits. »

Ainsi donc, M. Lestiboudois, grand propriétaire, conseiller d'Etat, président du conseil général de Constantine, expérimentateur en Algérie, ne craint pas, dans sa haute position, avec les titres qui l'honorent, en face de la responsabilité qu'il assume sur lui pour toutes ces raisons, il ne craint pas, disons-nous, d'affirmer sur la foi de sa parole :

1° que l'Arabe ne nous est pas hostile;

2° qu'il apprécie et désire notre manière d'administrer;

3° qu'il veut notre justice;

4° qu'il appelle les garanties de nos perceptions;

5° qu'il s'éloigne volontiers de ses autorités;

6° qu'il aime à s'associer avec nos travailleurs;

7° qu'il préfère travailler avec nous à n'importe quelle condition que subir les tyrannies du douar;

8° que, s'il se révolte parfois, ce n'est pas contre nous, mais contre ces chefs, contre cette aristocratie tyrannique que nous lui imposons.

9° Enfin, M. Lestiboudois va plus loin; il ose affirmer qu'il est l'interprète de toutes les populations du pays : Oui, dit-il, tout le monde est d'accord sur ces faits.

Eh bien M. de la brochure, comment trouvez-vous ces neuf propositions-là, formulées sans restrictions ni réserves ? Est-là prêcher votre système et vos idées ? Allez à l'école de M. Lestiboudois. et vous apprendrez les choses de l'Algérie, avant de vous en faire le Solon, le Dracon ou le Lycurgue? Puis vous choisirez entre le passage de la Mer Rouge et celui du Rubicon !

Entrons maintenant et de plein-pied dans le cœur-rez-de-chaussée de votre aristocratie arabe, de votre noblesse musulmane, de vos cherfas, de vos Tholbas, de vos Cadhis, de vos Caïds, de vos Chaouchs ; taillons dans le vif ! C'est un chef de bureau arabe qui va parler, non pas un des infimes dans l'état et dans la hiérarchie, mais un chef de bataillon, un écrivain distingué et qui le mérite, un homme courageux jusqu'au delà de l'abnégation puisque il a osé dire et écrire la vérité, malgré son titre de chef de bureau arabe.

Voici les fresques dans toute leur vérité vraie :

« — LE CHEF DU BUREAU ARABE. Caractère de l'em-
« ploi : digne représentant de l'idée conquérante et civilisatri-
« ce. (Type obligé).

« — LE KADI DU BUREAU ARABE. Figure à bec de corbin,
« exclusivement composée d'un nez qui abuse des dimensions
« de l'espèce ; *très-bête*, mais profondément versé dans la con-
« naissance des livres saints ; *ayant toujours un texte sacré à*
« *la disposition de* L'AUTORITÉ CONSTITUÉE, sentant
« fort mauvais, peu propre ; les vêtements tachés de noires
« constellations, produits de son écritoire. Niché derrière le
« fauteuil de son chef, entouré de livres poudreux et dans un
» désordre parfait. Infatigable à l'écriture.

« — LE CHAOUCH. L'homme à l'obéissance aveugle, à
« condition qu'elle lui rapportera quelque chose. Disposé à
« éreinter son père sur un signe pour la bagatelle d'un douro;
« fort craint et fort respecté du vulgaire; très-mauvais musulman,
« se livrant en secret aux liqueurs fortes. *Le dernier terme de*
« *l'impudence et de la rouerie humaine,* mais de formes char-
« mantes.

« — MEDJELES. Magistrats musulmans cachant, en général,
« sous les dehors d'une dignité imposante ou d'une simplicité

« évangélique, *une profonde immoralité*, composant néanmoins
« *la partie la plus élevée et la plus saine de la société arabe.* »
(*Scènes de mœurs arabes*, par Charles Richard, ancien chef
des affaires arabes, 2me édition, page 3.)

Nous empruntons au même auteur le passage suivant de son
ouvrage : *De la civilisation du peuple arabe*, page 7 :

« Voici ce que c'est que le peuple arabe :

« Trois millions d'âmes environ, vivant dans la confusion de
toutes les abominations imaginables ; une orgie de toutes
les immoralités connues, depuis celles de Sodome jusqu'à celles
de Mandrin. L'homme pillant, volant son voisin, qui le lui
rend bien, épousant quatre femmes pour courir après d'autres,
mangeant le faible quand il est fort, tuant par derrière le fort,
quand il est faible ; — la femme condamnée à la vertu du ca-
denas, vendue comme un porc au marché, s'estimant ce qu'on
l'estime, c'est-à-dire rien, se prostituant au premier buisson,
avec le premier venu, le tout s'agitant sans lien, sans régula-
teur, dans une sarabande effrénée, que rien ne peut conte-
nir ; — quelque chose comme les atômes qui s'entrechoquent
dans une bouteille d'eau salée, violemment agitée ; — et sur ce
tableau, comme pour le couronner, une haine profonde, im-
placable, pour nous, leurs conquérants, haine alimentée sans
cesse par l'espérance certaine de nous exterminer un jour avec
l'aide de Dieu. — Voilà le peuple arabe ; voilà ce pauvre ange
déchu qui faillit régner sur la terre. »

Voulez-vous des chiffres qui fixent mieux vos idées et éloi-
gnent de l'esprit toute accusation de métaphore ? En voici quelques-uns :

« Les trois millions d'Arabes commettent par mois, en temps
ordinaire six mille contraventions ou délits ; pour les juger, les
condamner, il vous faudrait soixante tribunaux, sous diverses formes et à divers degrés, un cortége de gens de loi à
effrayer les plus intrépides : des prisons de la contenance de soixante mille individus. — Trouvez-vous ces détails assez signifi-
catifs. »

Que pensez-vous maintenant de cette partie *la plus élevée
et la plus saine de la société arabe*, en la voyant surtout escor-
tée de chaouchs, cette espèce d'hommes ou d'exécuteurs, dévoués jusqu'à l'obéissance aveugle et jusqu'à éreinter père et
mère pour la bagatelle d'une pièce de cinq francs ? C'est M.

Richard, chef de bataillon et ancien chef de Bureau arabe qui
l'a écrit, qui l'a publié et jamais un seul de ses collègues ne
s'est avisé de le réfuter, que nous sachions, pourquoi ? C'est
que M. le chef de bataillon Richard pouvait dire comme M. Lestiboudois : « *Tout le monde est d'accord sur ces faits.* »

Nous ne savons pas, M. de la brochure, si vous avez été
chef de Bureau arabe ; mais ce que nous savons, c'est qu'il
n'est pas besoin d'avoir rempli ces fonctions pour reconnaître
l'exactitude des portraits que nous donne M. Charles Richard.

Le journal l'*Africain* dit dans son numéro du 6 février 1863,
article *Indigènes et Immigrants* :

« Si quelque chose pouvait nous rendre partisan de la cons-
« titution de la propriété individuelle des Arabes par le moyen
« du cantonnement, *ce serait précisément à cause du coup mor-
« tel que cette nouvelle organisation sociale porterait à la haute
« aristocratie du pays.* »

« Le même journal ajoute : « L'action de la civilisation
« se fera sentir moins aisément sur les groupes constitués
« par l'intermédiaire de leurs chefs que sur des individus iso-
« lés mis en *contact immédiat* avec les autorités et les insti-
« tutions françaises. »

Voilà des réfutations qui détruisent chaque portion de votre
système et qui répondent même aux nuances diverses dont
vous embellissez le tableau. Quel heureux contraste ! quelles
précieuses et puissantes autorités !

Tout est prévu ! Tout reçoit le coup qui pulvérise !

Continuons :

Le Courrier de l'Algérie, dans un de ses numéros de janvier
s'exprime ainsi ?

« 1° La féodalité indigène est un brigandage organisé qu'il
« est honteux pour nous d'avoir respecté ! Les patriarches qui
« perçoivent annuellement 12 millions pour le compte de la
« France, prélèvent pour leur propre compte de 25 à 30 mil-
« lions suivant les calculs les plus modestes.

« 2° L'existence des chefs indigènes, désastreuse pour le
« peuple arabe, est à la fois un danger permanent pour notre
« domination.

« 3° Enfin, vouloir perpétuer l'organisation féodale et mili-
« taire des tribus, c'est laisser la facilité des insurrections par-
« tielles et se ménager éternellement la gloire de les battre. »

Nous lisons dans *l'Algérie, ce qu'elle est, etc.,* ces passages aussi exacts que remarquables?

« Si les chefs arabes pouvaient être assimilés, sous le rap-
« port de la probité, au plus improbe de tous les fonction-
« naires français, l'établissement des listes (pour la fixation et
« la perception de l'impôt) offrirait encore certaines garanties;
« mais *l'Arabe n'a aucune notion de ce que nous appelons pro-*
« *bité administrative.*» (Page 165.)

« Les chefs indigènes sont des seigneurs ; après s'être fait
« exempter, ils tâchent de faire exempter leurs amis, et,
« pour rétablir l'équilibre, ils frappent sur la masse. La masse
« se plaint, par fois résiste. On s'étonne alors qu'elle se récrie
« pour le faible impôt que reçoit le trésor : l'on oublie les
« intermédiaires.» (Page 173.)

Preuves ou justifications toutes récentes.

Nous lisons dans *l'Akhbar* sous ce titre : *Du personnel de l'administration indigène et de la justice musulmane :*

« Importance et cause des mutations effectuées pendant les
« années 1861 et 1862.

« Administration indigène.»

« Ont été révoqués pendant les années 1861 et 1862 :
« Agha 1,
« Caïds 60,
« Cheikhs . . . . . . 67.

« Parmi les causes motivant ces révocations, nous men-
« tionnerons les suivantes:

« — Chef violent et partial qui a jeté la discorde dans sa
« tribu.

« — A caché à l'autorité un meurtre commis dans sa tri-
« bu.

« — Convaincu d'avoir voulu détourner 17 charrues à son
« bénéfice dans l'établissement des listes d'impôt.

« — Compromis dans le pillage et l'incendie de la con-
« cession Bosq et Delacroix.

« — A falsifié des listes d'impôt au préjudice de l'Etat.

« — A entravé l'investigation de la justice dans la recher-
« che d'un assassinat.

« — A détourné une somme de 815 francs sur l'impôt de
« l'achour.

« Enfin, nous remarquons que dix révocations ont été mo-
« tivées par des exactions, prévarications ou concussions.

« Il faut ajouter que, dans le même espace de temps, six Ca-
« ïds et 26 Cheiks ont donné leur démission.

« Dans ce nombre, nous voyons figurer celle d'un Caïd qui
« a donné sa démission pour passer dans le territoire civil où
« il exerce aujourd'hui les fonctions de cheikh.

« Justice musulmane. »

« Quarante-six fonctionnaires indigènes appartenant au
« personnel de la justice ont été révoqués pendant les deux
« dernières années, savoir :

« Cadhi . . . . . . , 20
« Bach-adel 15
« Adel 12

« Le nombre des démissions a été de cinquante et se dé-
« compose ainsi :

« Cadhi 17
« Bach-adel 16
« Adel 17

« De tels chiffres sont certes bien éloquents et parlent
« assez haut pour convaincre les esprits les plus rebelles,

« GIBERT. »

Avons-nous besoin d'ajouter la moindre réflexion à cette
liste fatale et à la remarque pénible du *Courrier de l'Algérie.*

Et c'est avec une pareille aristocratie, appelée par vous, *la
tête et l'intelligence, la conscience et l'honneur de la société
musulmane*, que vous voulez, dites-vous, préparer la civilisation des indigènes ! Quelle aberration !

Ah ! Monsieur de la brochure, il est heureux que la France
et son gouvernement aient d'autres conseillers que vous, et
qu'ils demandent des renseignements à tous les hommes de
cœur, d'intelligence, de savoir et de bonne foi !

Et c'est pour répondre à ce vœu comme à ce besoin su-
prême que nous écrivons cette réfutation sans réplique.

Quant à votre régime militaire en Algérie, il n'est guère
mieux approprié à l'avenir de cette terre pacifiée.

Entrer dans de longs détails sur ce sujet, ce serait chose ré-
ellement oiseuse en ce moment.

Nous ne voulons ni critiquer ni célébrer l'armée, elle est ce

qu'elle est, et quiconque en sait comprendre l'origine, la na-
ture, la mission, les œuvres et les temps d'armistice, doit
rendre hommage à notre discrétion. En d'autres termes, du
moment qu'elle se nomme *l'Armée*, elle a sa raison d'être en
elle-même. Un sabre, un fusil, une trompette, un tambour !
Elle n'est pas obligée de civiliser; elle n'a pas charge d'âmes
et d'intelligence, d'apostolat et d'amour. Elle est la FORCE !
or, la force a son temps et rien que son temps; elle passe
comme toutes choses d'ici bas.

M. Lestiboudois s'est chargé de formuler ainsi notre pensée : « Il ne faut donner à l'autorité civile que ce qu'elle peut
« embrasser ; mais il faut lui offrir tout ce qu'elle peut saisir
« efficacement hâter ses progrès et *ne pas attendre, pour lui*
« *remettre une contrée, qu'elle ait déjà conquis de notables amé-*
« *liorations, puisque c'est l'autorité civile qui a la mission de*
« *les faire naître.* C'est ce que réclament tous les hommes
« sans prévention. » (Conseil général de Constantine, session
de 1859. Discours, page 7).

M. Lingay, dans l'ouvrage *La France en Afrique*, est plus
explicite :

« Pour former un Etat, dit-il, pour former une nation, il
« faut des qualités civiles et savoir y satisfaire par des insti-
« tutions, je ne dis pas, dans le cas actuel, politiques, mais ad-
« ministratives, et une bonne administration est encore une
« bonne politique. L'administration, qui repose sur des con-
« naissances acquises, sur des études spéciales, exige des es-
« prits plus éclairés peut-être que la politique, qui n'est
« qu'une science du cœur humain, de tact et d'intérêts géné-
« raux. Un militaire a-t-il étudié le commerce, l'agriculture
« le génie civil, la jurisprudence, le crédit public et privé ?
« Voyez les programmes de nos écoles militaires. Ajoutez-y
« les habitudes des camps et des garnisons. Les militaires
« composent systématiquement dans la société une classe à
« part, avec ses lois spéciales, ses priviléges, sa manière de
« voir, ses préjugés, son habit; ils n'ont pas étudié l'ordre
« civil; ils ne le comprennent pas, souvent même ils le con-
« testent; pour eux, l'intérêt dominant, c'est la guerre, et la
« guerre est la ruine de tous les autres intérêts. L'obéissance
« passive est leur foi; la foi de la société civile, c'est la liber-
« té individuelle, l'égalité devant la loi. L'arbitraire, telle est

« la loi militaire. Or, il faut des garanties à la colonisation,
« qui se fondent, avant tout, sur le respect de la propriété, la
« liberté du travail, la sécurité des capitaux; un gouvernement
« civil ne signifie donc pas seulement un gouverneur civil. »
Voici maintenant un tableau fidèle de l'antagonisme qui
règne entre le régime civil et le régime militaire.

« L'autorité militaire et l'autorité civile sont comme l'eau
« et le feu, si elles se rencontrent, elles s'annihilent, mais elles
« ne se combinent pas. L'une tranche d'un coup de sabre toutes
« les questions, bien ou mal, peu importe ; sans cesse elle re-
« garde le but, et s'y précipite sans songer aux ruines qu'elle
« peut faire. L'autre marche lentement, le code dans une
« main, des paperasses dans l'autre. Toutes deux se dédai-
« gnent également; l'autorité militaire se moque des formes
« administratives, des lenteurs bureaucratiques; l'autorité ci-
« vile trouve que l'homme de sabre a toujours un peu des
« allures de caserne et des réminiscences malheureuses de la
» charge à douze temps.» (*L'Agérie, ce qu'elle est......* page
371).

Qu'a dit et écrit le maréchal Bugeaud sur cette question ?

« Il n'y a eu en Afrique *qu'un seul intérêt*, celui de l'éta-
« blissement que nous fondons *pour y développer la popula-
« tion, le commerce et l'agriculture.* »

En quels termes M. Evariste Bavoux, conseiller d'Etat, a-
t-il formulé la même proposition en parlant de l'Algérie ? Ecou-
tez ses paroles, pleines de vérité.

« Pour que les affaires du pays prospèrent, il faut une ad-
« ministration régulière et pour ainsi dire localisée, c'est-à-
« dire confiée, dans chacune de ses parties, à ses spécialités
« naturelles et rigoureusement limitées; rien n'est plus nui-
« sible que la confusion des pouvoirs. Or, qu'est-ce que l'au-
« torité militaire se faisant administration ?

« L'autorité militaire à ses allures propres: sa part est as-
« sez belle et assez large pour qu'elle puisse s'en contenter et
« ne pas envahir un domaine qui n'est pas le sien. L'autorité
« militaire est absolue, prompte, violente, brutale; sa fougue,
« son impétuosité sont utiles à sa mission, elle marche vite et
« droit au but ; ses lois intérieures répondent toutes à ce be-
« soin ; elles prescrivent avant tout l'obéissance passive,
« aveugle, irréfléchie, irraisonnée, la dicipline est à ce prix,

« et aide l'existence même du pouvoir militaire ; elle n'admet
« ni l'examen ni le contrôle ; aux plus beaux raisonnements
« elle n'autorise qu'une réponse : celle de la baïonnette ou
« d'une balle de calibre. »

Voilà pour le rôle de votre régime militaire en matière de
civilisation.

Mais, comme nous voulons être juste et loyal envers vous,
nous allons dire maintenant et sans réticence, comment vous
êtes logique en réclamant le régime militaire. Pour cela, nous
reprenons les bases de votre système, de cette sorte :

Etant admis que les immigrants n'occuperont : 1° que les
villes ; 2° qu'un petit rayon autour de chacune d'elles ; 3° que
les bois ; 4° que les mines ; 5° qu'enfin la colonisation liquidera,
grâce aux achats des terres par les Arabes qui opèreront cette
évolution, en se substituant peu à peu aux Européens ; tout
cela admis d'après votre plan civilisateur, vous avez parfaitement raison de retrancher l'administration civile et de la rem-
placer partout et à tout jamais par le régime militaire ; voyez
si nous savons vous rendre justice, quand vous le méritez, et
proclamer la force et l'éclat de votre logique, lorsqu'elle brille
d'une telle splendeur !

Tenez, nous vous couronnerions d'amarante, si vous daigniez
visiter nos contrées ! Christine de Suède en raffolait !

Quant à votre opinion sur l'autorité civile elle ne mérite pas
les mêmes honneurs. Nous ne savons dans quelles hautes régions elle pourrait vous mériter des compliments. Aussi, est-ce
en guise de punition que nous allons vous citer vos malheureuses paroles à son encontre :

« L'autorité civile, *parquée* au milieu d'un petit nombre
« d'administrés européens, sur quelques points isolés, a conti-
« nué à prendre l'intérêt *de quelques colons* pour l'*intérêt* fran-
« çais, devant lequel tout doit plier, » (page 18).

Et, pour bien faire comprendre toute votre pensée, vous
ajoutez, à la page 73 : » Les Français de l'Algérie n'ont pas
« conscience de la mission civilisatrice qu'ils ont à remplir,
« et, jusqu'à ce jour, ils ont regardé les indigènes comme des
« vaincus à dépouiller et à comprimer, et non comme de nou-
« veaux compatriotes à rattacher à la France. »

Enfin, pour que l'on ne se trompe pas sur le sens de vos paroles et dans le peu de confiance que vous avez en l'autorité ci-

«vile ou municipale, vous dites ailleurs qu'il » ne faut pas dis-
« séminer trop vite les indigènes dans les communes fran-
« çaises, *où ils seraient livrés à l'exploitation des immi-*
« *grants.* »

Le sens de vos paroles est donc rigoureusement défini. Pauvre autorité civile ! Elle est *parquée*, dites-vous. Le mot est
d'origine teutonique ! mais il sent le troupeau de trop près. Les
administrés européens, voilà la gent à parc, *quelques points
isolés* figurent très-bien en colonisation. *L'intérêt de quelques
colons*, c'est mesquin ! Mais, pour une administration *parquée*
avec ce troupeau, c'est pourtant riche d'expression. Voilà une
autorité civile qui a oublié la France, les grands intérêts de la
mère-patrie et qui se met à la remorque, hélas ! de quelques
malheureux colons ! Est-ce quelle est envoyée et payée en Algérie pour s'occuper des Européens ? Fi donc !

Et puis, comme tous les membres de cette Administration
civile sont Français, il est d'un bon effet d'ajouter que *les Français de l'Algérie n'ont pas conscience de leur mission civilisatrice !* Ces mots : *les Français de l'Algérie*, comprennent tous
les citoyens venus de France ici, sans exception, ni pour le
rang, ni pour le grade, ni pour la fonction, ni pour les œuvres.
Jusqu'à ce jour, ils n'ont agi que dans le but et avec l'intention
de *dépouiller et de comprimer* les indigènes ; c'est vous qui l'affirmez, sans faire aucune réserve. Enfin, si l'on venait à créer
de nouvelles communes et si l'on disséminait les indigènes
dans ces communes françaises, *ils seraient livrés à l'exploitation des immigrants !* Il y a des communes à Alger et dans
tout le département, à Oran et dans tout le département, à
Constantine et dans tout le département : eh bien ! il est déso-
lant, déplorable, affreux, de voir combien les indigènes, habitant ces communes si nombreuses, grandes ou petites, sont
maltraités, exploités par les immigrants. Les préfets, sous-
préfets, conseillers de préfecture, tribunaux civils, juges de
paix, maires, conseillers municipaux, commissaires de police,
gendarmes, gardes-champêtres, ignorent sans doute ces faits
lamentables, réprouvés et dénoncés par vous ! Ou bien, suivant
votre affirmation, ces *Français de l'Algérie n'ont pas conscience de leur mission civilisatrice, et ne regardent aussi les
indigènes que comme des vaincus à dépouiller et à comprimer.*

Vous voyez, Monsieur de la brochure, où conduisent des al-

légations telles que les vôtres ; une pareille accusation devrait
bien pour le moins, être accompagnée de pièces justificatives,
de documents, de plaintes arabes, de preuves quelconques éta-
blissant ces faits de tyrannie, de spoliation, de compression,
d'exploitation, d'anti-fraternité, commis par les colons ou immigrants, et, en même temps, de tolérance ou d'ignorance re-
prochables à l'autorité civile.

Vous ne produisez rien de semblable. Il faut donc vous en
croire sur parole. Du reste, l'administration civile est majeure,
à elle le droit et le devoir de vous confondre.

Passerons-nous à votre fameux bilan de l'Algérie, où vous
groupez des chiffres, beaucoup de chiffres, dans le but évident
d'éblouir ou de dérouter les simples et les ignorants, et vous
le faites même avec tant d'habileté que, parmi les plus fins,
plusieurs pourraient s'y tromper.

Laissons donc de côté tout ce luxe d'arithmétique et de statistique, toute cette stérile abondance de chiffres alignés avec
une candeur et un rigorisme spécieux ou de commande.

Prenons les choses et les faits tels qu'ils sont ; alors nous
trouvons les résultats suivants :

Vous reconnaissez avec nous que l'Algérie est un pays im-
mense ; à ce propos, vous citez M. O. Mac-Carty, qui s'exprime ainsi :

« La superficie, l'étendue de la surface de cette double ligne,
« est d'environ soixante millions d'hectares, c'est-à-dire qu'elle
« est égale à celle de la France, plus un huitième environ. »

Dans cette superficie, la colonisation européenne ne possède, d'après votre aveu même, qu'une étendue de deux cent
mille hectares (page 49 de votre brochure), presque rien, une
parcelle microscopique.

Voyons ce que vos paysans du Tell et du Sahara ont produit
pour mériter le titre, les louanges et l'apothéose que vous leur
décernez avec tant de zèle et d'amour.

Nous allons vous citer.

Vous dites, page 50 :

« Si nous consultons le tableau des exportations de l'Algé-
« rie, nous reconnaissons que la plus forte part appartient aux
« indigènes. Dans le chiffre total de 49,094,120 fr. pour l'an-
« née 1861, on trouve : 8,485,040 fr. pour les céréales. »

Voilà pour un peuple qui exploite un pays de soixante millions d'hectares.

Laines en masse : « 4,767,505 fr. » pour un peuple qui « mène la vie pastorale dans un pays de soixante millions « d'hectares ! »

Tabacs frais et fabriqués : « mais pas tous produits par le « pays, 6,407,493 fr. » Et ce peuple-là plante dans un pays de soixante millions d'hectares !

Bêtes bovines : « 2,653,370 fr. » Voilà pour ces paysans qui ont facilité de parcours avec leurs troupeaux dans une contrée de soixante millions d'hectares !

Peaux brutes : « 2,673,605 fr. » Combien il faudrait de leurs peaux pour couvrir la superficie dont ils disposent !

D'où nous sommes conduit à conclure, d'après votre gros chiffre de 49,094,120 fr., pour l'année 1861, que vous n'y faites participer les indigènes, suivant votre compte qui précède, que pour une somme de 24,987, 013 fr.

Et nous devons faire remarquer, en bonne conscience, que vous oubliez intentionnellement de faire le rapprochement ou d'établir le contraste qui suivent.

La colonie européenne a donc produit la différence, c'est-à-dire, 24,107,107 fr. Les indigènes n'ont dépassé le chiffre européen que de 879,906 fr. Ces derniers, dites-vous, forment une population de trois millions. M. O'Mac-Carthy vous dit, ce que vous avouez, que l'Algérie présente une superficie de soixante millions d'hectares !

Vous reconnaissez aussi que la population européenne ne s'élève pas même au chiffre de 200,000, et qu'elle ne possède que 200,000 hectares.

Eh bien! ces derniers, avec d'aussi minces ressources et des milliers d'entraves, ont produit 24,107,107 francs! Et vous dites qu'il faut liquider avec la colonisation européenne !

Vos indigènes au nombre de 3 millions ne les ont dépassé que de 879,906 francs, dans un pays de 60 millions d'hectares, pays qu'ils possèdent depuis des siècles, et dont ils n'ont su, ni voulu rien faire ! Et c'est à eux que vous entendez le donner aujourd'hui, à l'exclusion de la colonisation européenne ! En vérité, quand on lit votre brochure, on se prend à demander si elle n'est pas un rêve !

Aussi, M. de Vaulx, premier président de la Cour impériale

d'Alger, auquel nous avons déjà emprunté une citation, a-t-il eu raison de dire que, cultivé par des Européens, ce même territoire qui autrefois suffisait à nourrir l'Italie, *pourrait encore nourrir vingt millions d'hommes !*

Mais il vous faut la liquidation coloniale ; il vous faut une aristocratie arabe ; il vous faut la réduction du territoire européen au moyen d'un petit rayon autour de chaque ville ; il vous faut la substitution progressive des Indigènes aux Européens ; enfin il vous faut l'*évolution* complète et entière de cette substitution, au moyen de la liberté des transactions immobilières, au moyen des millions enfouis dans la terre et que les Indigènes en exhumeront tout exprès. C'est vous qui avez écrit toutes ces propositions funestes à tout le monde, aussi bien aux Indigènes qu'aux Européens.

Vous avouez que l'aristocratie arabe exploite le peuple, mais vous appelez cela un mal nécessaire et qu'il faut consacrer en attendant que le progrès vienne tout seul :

« Les chefs et les classes parasites vivent, nous ne l'ignorons
« pas, aux dépens de la population ; il absorberont sans doute
« une large part des avantages dont notre administration do-
« tera le pays. Cette PRÉLIBATION abandonnée aux chefs
« est dans les habitudes du pays ; elle sera toujours moins lour-
« de que par le passé et ne pourra pas être de longue durée. »
(Page 46). Quelle force de logique et quel beau moyen de civilisation ! Et puis, ce mot admirable : PRÉLIBATION ! Ce *pourboire* sans mesures ni bornes laissé aux chefs, comme c'est digne, moral, gracieux et civilisateur ! Quel beau masque pour déguiser spoliation, concussion, exaction !

Vous savez que les Indigènes achètent les terrains avec frénésie et moyennant des prix fabuleux :

« Ce sont les Indigènes qui achètent les terres que le do-
« maine met en vente, ou les concessions faites aux immi-
« grants. » (Page 54.) Ils ont donc aujourd'hui commencé l'*évolution*, autant qu'il est en leur pouvoir.

A tous ces points de vue, votre brochure est une mauvaise action qui a pour but, plus ou moins éloigné, l'évacuation de l'Algérie par les Français ou la nécessité d'en recommencer la conquête. L'éminente majorité des algériens l'a comprise ainsi, et le journal le *Zéramna* a été un des premiers à lui donner l'épithète qu'elle mérite ; il l'a appelée : *subversive !*

D'autres ont affirmé qu'elle était *anti-française*. La pétition
d'Alger lui fait allusion en ces termes : « Des théoriciens, sa-
« crifiant les intérêts de leur patrie et de la civilisation à on ne
« sait quel fantôme d'organisation humanitaire ou communiste,
« rêvent une constitution féodale de la race arabe, en haine de
« la société européenne, et proposent à la France une abdica-
« tion de son rôle civilisateur. Ils condamnent à l'immobilité,
« bien plus, à la retraite, *ces hardis colons* depuis trente-deux
« ans installés ici, à leur poste de combat. »

A bon entendeur salut !

Aussi, espérons-nous que tant de voix, tant et de si nobles
protestations seront écoutées du gouvernement, et que la
France, l'Europe, la colonie et tout le monde, excepté vous,
voyant repousser vos honteuses théories de musulman, crieront
avec nous : *Vive l'Algérie !*

Réméon **PESCHEUX**.